petits pratiques
cuisine

Apéros dînatoires
Fromages & Vins de Cépage

Valérie Pajotin - Étienne Laporte
Avec la collaboration de Marie Quatrehomme
Direction d'ouvrage et recettes : Brigitte Richon
Photos : Philippe Asset

hachette
PRATIQUE

Sommaire

Apéros dînatoires

à Paris	au jardin	sous les oliviers	à New York
6	12	18	24

Signification des symboles

- ★ très facile
- ★★ facile
- ★★★ difficile
- € bon marché
- €€ raisonnable
- €€€ cher

Signification des abréviations

- **cc** cuillère à café
- **cs** cuillère à soupe
- **mn** minute
- **h** heure
- **cl** centilitre
- **g** gramme

Fromages & Vins de Cépage

sous la neige	70's	girly	pure dégustation
30	**36**	**42**	**48**

54 Réussir un apéro dînatoire Fromages & Vins de Cépage
56 La grande famille des fromages
58 Accords parfaits vins & fromages
60 Envie de cépages de France
62 Table des recettes
63 Index par fromages et par cépages

La curiosité est un bien joli talent, et l'époque s'y prête délicieusement. L'expérimentation gustative accompagne les nouveaux citoyens du monde que nous sommes devenus. Nous traversons les continents et métissons nos habitudes d'épices nouvelles et d'associations étonnantes. Nos goûts se transforment. Nos habitudes évoluent aussi ; fini les repas formels et place à une gastronomie plus simple et goûteuse. Les apéritifs dînatoires sont entrés dans nos habitudes, et on a remplacé les alcools forts par les vins pour célébrer ce moment gourmand et en faire aussi un instant de convivialité et de créativité. Loin des conventions traditionnelles, les Vins de Cépage de France – ces variétés de vigne que le monde nous envie – ont trouvé leur place à l'apéro. Aujourd'hui, cette gamme fringante de vins accessibles et pleins de plaisir, avec des noms aussi évocateurs que Syrah ou Chardonnay, revisite les fromages et abat

une convention trop bien installée pour être honnête ; oublié le plateau de fromages en fin de repas et place à la dégustation Fromages & Vins de Cépage. Aussi belle à voir qu'à goûter, elle est l'occasion rêvée de composer de belles associations avec les Vins de Cépage de France et de remettre en selle les plus beaux fromages du monde. Les accords vins-fromages, tout le monde les aime ; mais avec la dégustation Fromages & Vins de Cépage vous allez devenir des spécialistes. Préparez déjà les invitations !

Envies de cépages de France

Téléchargez gratuitement l'application pour iPhone Vin de France - Envies de cépages et visitez le site :

www.vindefrance-cepages.org

À Paris

Les vins de cépage, les fromages...

- Avec le **Viognier** : Livarot, Reblochon, Époisses.

- Avec le **Cinsault rosé** : Comté, Morbier, Brie de Meaux.

- Avec le **Cabernet-Sauvignon** : Fourme d'Ambert, Saint-Nectaire, Pont-l'Évêque.

... et les recettes

- Croissant farci au Brie
- Boulettes de veau haché au Comté
- Pain d'épice à la Fourme d'Ambert
- Crème d'Époisses, tomates confites et jambon de Paris

Invitation à la fête du goût dans un style chic

Au sein de la gastronomie française, le fromage se fait élégant et distingué. Sur une belle table simple et classique, il est au cœur du bon goût français intemporel. C'est l'occasion de célébrer les vins et les fromages de France, avec un zeste de grande classe.

Cabernet-Sauvignon, Cinsault rosé et Viognier

La diversité des fromages de France est à l'honneur de cette dégustation chic et élégante. Avec des stars comme le Livarot ou le Brie de Meaux, on choisit des cépages emblématiques. Pour des accords tour à tour en puissance, en rondeur ou en créativité.

À Paris

Viognier & Livarot

Le Livarot sent fort et en rebute plus d'un. Pourtant sa pâte est exquise et fondante. Sa saveur lactée relevée et épicée interdit tous les vins rouges. Le Livarot appréciera les blancs riches et très aromatiques. Il s'agit ici d'un accord tout en puissance, afin que le fromage ne domine pas le vin. Le Viognier s'impose par son intensité aromatique sur la violette et la pêche blanche, assortie d'une longue vivacité pour dissoudre le gras de la pâte. Le cépage Chenin réalise également un bel accord.

Chenin & Pont-l'Évêque

Voici un grand accord. Avec ce fromage produit au pays des pommes et des poires, le Chenin est le cépage de la situation. D'abord, sa longue vivacité en bouche réalise un équilibre parfait sur la texture molle mais très persistante de la pâte. La force de ce grand accord réside dans un registre aromatique idéal : la poire et le coing du Chenin adoucissent la sensation lactée du fromage en fin de bouche. Du grand art.

Cabernet-Sauvignon & Saint-Nectaire

Sous un air placide, le Saint-Nectaire est un costaud. Il fleure la paille et la terre sèche, et sa pâte est puissante. C'est un rustique élégant, qui mérite un vin rouge plein et de caractère. Le Cabernet-Sauvignon est un partenaire idéal pour sa longueur en bouche, ses fruits rouges mûrs, et aussi pour cette belle touche poivrée, qui noue un accord de belle facture.

Cinsault rosé & Morbier

Ce beau fromage du Jura n'est pas un bleu, et la ligne de cendre caractéristique qui en décore la tranche n'a que peu d'impact sur le goût, qui reste doux et suavement lacté. Pour changer d'un accord classique avec un blanc, on pourra choisir un rosé de cépage Cinsault, dont la légère vivacité viendra tutoyer l'acidité lactée de ce fromage. Ses arômes marqués de groseille et de nectarine accompagneront avec gourmandise cette aimable pâte voluptueuse.

Recettes à Paris

Croissant farci au Brie

Préparation **5 mn** | Cuisson **5 mn**
Difficulté ★ | Coût 💶💶

Pour 4 personnes : 4 croissants natures • 100 g de Brie • Poivre du moulin

Couper les croissants en deux. Couper des tranches de Brie d'1 cm d'épaisseur ; insérer une tranche dans chaque croissant, poivrer. Mettre au four, préchauffé à 210 °C, pendant 5 mn juste le temps que le Brie commence à fondre. Servir chaud.
Vin de cépage de France : Cinsault rosé.

Pain d'épice à la Fourme d'Ambert

Préparation **10 mn** | Difficulté ★ | Coût 💶💶

Pour 4 personnes : 4 tranches de pain d'épice • 150 g de Fourme d'Ambert • Poivre du moulin

Couper des carrés de pain d'épice de 3 à 4 cm de côté. Couper des carrés identiques de Fourme d'Ambert. Intercaler la fourme entre deux tranches de pain d'épice, poivrer. Servir à température ambiante.
Vin de cépage de France : Cabernet-Sauvignon.

Boulettes de veau haché au Comté

Préparation **20 mn** | Cuisson **15 mn**
Difficulté ★★ | Coût 💶💶

Pour 4 personnes : 400 g de veau haché • 1 oignon haché • 1 gousse d'ail hachée • 100 g de Comté en petits dés • 1/2 bouquet de coriandre ciselé • 1 œuf • Chapelure • Huile d'arachide • Sel • Poivre

Dans un saladier, mélanger le veau, l'oignon, l'ail, 80 g de Comté, la coriandre et l'œuf ; assaisonner, mélanger et former des boulettes de la taille d'une bouchée. Les rouler dans la chapelure et les cuire dans une poêle avec un peu d'huile, sur feu moyen, en les retournant ; les poser sur une feuille de papier absorbant. Au moment de servir, passer les boulettes au four, préchauffé à 150 °C, avec un petit dé de Comté sur le dessus, pendant 5 mn.
Vin de cépage de France : Cinsault rosé.

Crème d'Époisses, tomates confites et jambon de Paris

Préparation **10 mn** | Cuisson **10 mn**
Difficulté ★ | Coût 💶💶

Pour 4 personnes : 150 g d'Époisses • 1 cs de crème fraîche • 12 tomates confites • 2 tranches de jambon de Paris • 4 feuilles de basilic • Poivre du moulin

Retirer la croûte de l'Époisses. Dans une casserole, sur feu doux, faire fondre l'Époisses avec la crème fraîche en remuant sans arrêt. Répartir la crème obtenue dans 4 verrines. Poivrer. Poser dessus les tomates confites, le jambon de Paris coupé en lamelles et une feuille de basilic.
Vin de cépage de France : Viognier.

Au jardin

Les vins de Cépage, les fromages...

- Avec le **Gamay** : Cantal, Féta, Edam.
- Avec le **Viognier** : Reblochon, Crottin, Brillat-Savarin.
- Avec le **Sauvignon** : Chèvre frais, Chèvre mi-frais, Ricotta.

... et les recettes

- Maki de saumon fumé, Chèvre aux herbes
- Tempura de billes d'Edam au cumin
- Salade camaïeu de verts
- Poulet à l'estragon, crème de Cantal

Un déjeuner sur l'herbe

À l'opposé du cliché habituel, les fromages sont aussi fraîcheur, légèreté et nature. Comme la nature qui se réveille en mai. Cette dégustation Fromages & Vins de Cépage évoque une douce flânerie sur l'herbe. Avec éclats de rire...

Sauvignon, Viognier et Gamay

Cette ambiance verte préfère les fromages doux et frais, avec un trio de cépages allègres et parfumés. Le Sauvignon est le complice des Chèvres, le Viognier tutoie le Reblochon et d'autres fromages gourmands, et le Gamay honore les fromages de type Cantal.

Au jardin

Sauvignon & Chèvre frais

Incroyablement légers et acidulés, les Chèvres ultra-frais sont un pur délice. Pour dialoguer avec leur texture fondante, leur goût vif et malicieux, leur couleur ultra blanche, les papilles exigent un vin blanc lumineux, franc et tonique, aux parfums exubérants. Le cépage Sauvignon répond à tous ces critères de choix. Si vous préférez le vin rouge, le cépage Gamay composera un bouquet frais et fruité où cerises et framboises créent un lien malin.

Gamay & Edam

Souvenir d'enfance, l'Edam présente une belle pâte ferme aux notes beurrées. Sous sa croûte rouge se cache une sensation fruitée et florale, qui convient au cépage Gamay ; ses arômes de cerise et de pivoine flattent et relèvent la texture sage et douce de l'Edam. En finale, la pointe de vivacité du Gamay réveille les papilles et crée une impression fraîche et légère. Avec des abricots secs, le cépage Viognier est aussi une belle expérience toute en harmonie.

Viognier & Reblochon

Derrière le nez puissant et imposant de ce fromage savoyard se cache une pâte pressée d'une infinie douceur. Si le Reblochon n'apprécie guère les vins rouges puissants et tanniques, il s'entend au mieux avec le cépage Viognier, grâce à un accord opulent tout en puissance. L'abricot et la violette du Viognier subliment les notes végétales du Reblochon. Servi avec du pain blanc et des noisettes, le Chardonnay est aussi une solution très réussie.

Chardonnay & Cantal

Si l'accord avec un Gamay semble plus classique, car sa sève juteuse équilibre le sel, le Cantal jeune réjouit aussi les vins blancs aromatiques et fruités, comme le Chardonnay. Cette fois, c'est sa rondeur aimable qui se joue du sel et des arômes lactés. Et si l'on imagine croquer une poire avec ce fromage, on comprendra que le Chardonnay offre un accord idéal, puisqu'il présente lui aussi cette note aromatique. Il en va de même avec les noix dans un pain artisanal.

Recettes au jardin

Maki de saumon fumé, Chèvre aux herbes

Préparation **25 mn** | Difficulté ★ | Coût 😊😊

Pour 6 personnes : 4 crêpes de froment salées • 400 g de saumon fumé • 2 Chèvres frais • 2 cs d'aneth ciselé • 2 cs de ciboulette ciselée • Poivre du moulin

Dans un grand bol, mélanger les Chèvres, les herbes, poivrer. Étaler une crêpe sur le plan de travail, la couvrir de saumon fumé, la badigeonner de fromage, la rouler pour former un boudin puis la couper en rondelles de 2 cm. Servir frais.
Vin de cépage de France : Sauvignon.

Salade camaïeu de verts

Préparation **15 mn** | Cuisson **10 mn**
Difficulté ★★ | Coût 😊😊😊

Pour 6 personnes : 100 g de petits pois • 100 g de fèves • 100 g de pois gourmands • 60 g de pointes d'asperges vertes • 2 cs d'huile d'olive • 2 brins de ciboulette ciselés • Sel • Poivre du moulin / Quenelles de Brillat-Savarin : 100 g de Brillat-Savarin • 2 échalotes hachées

Dans un bol, mélanger le Brillat-Savarin, les échalotes, poivrer ; réserver. Dans une grande casserole d'eau salée bouillante, blanchir les légumes séparément. Les passer sous l'eau froide pour conserver leur couleur, les poser sur une feuille de papier absorbant, puis les mettre dans un saladier avec l'huile d'olive ; vérifier l'assaisonnement et répartir la salade dans 6 assiettes en bambou. Avec 2 cuillères, former des quenelles de Brillat-Savarin, les déposer sur la salade, décorer de ciboulette. Servir frais.
Vin de cépage de France : Viognier.

Tempura de billes d'Edam au cumin

Préparation **15 mn** | Cuisson **5 mn**
Difficulté ★★ | Coût 😊

Pour 4 personnes : 150 g d'Edam coupé en cubes de 2 cm • 50 g de farine à tempura • 1 œuf • 2 cs de graines de cumin • 1 jaune d'œuf • Huile de friture • Poivre du moulin

Dans un saladier, mélanger l'œuf et un verre d'eau froide, puis ajouter la farine et l'incorporer grossièrement pour obtenir une pâte. Dans une assiette, battre le jaune d'œuf et le mélanger avec les graines de cumin. Poivrer. Au moment de servir, rouler les dés d'Edam dans le mélange œuf-cumin, puis dans la pâte et les plonger quelques minutes dans l'huile de friture chaude. Les poser sur une feuille de papier absorbant et les servir chaud.
Vin de cépage de France : Gamay.

Poulet à l'estragon, crème de Cantal

Préparation **20 mn** | Cuisson **10 mn** | Repos **1 h**
Difficulté ★★ | Coût 😊😊

Pour 6 personnes : 2 blancs de poulet • 1,5 l de bouillon de légumes • 50 cl de bouillon de volaille • 1 g d'agar-agar • 100 g de baies roses • 1 bouquet d'estragon • 100 g de Cantal jeune • 20 cl de crème fraîche • Poivre du moulin

Porter à ébullition ensemble les deux bouillons, puis pocher 10 mn les blancs de poulet. Retirer le poulet, ajouter l'agar-agar et laisser bouillir 1 mn. Laisser refroidir. Dans des verres à tapas, répartir les blancs de poulet coupés en fines lanières, les feuilles d'estragon, les baies roses jusqu'à mi-hauteur. Couvrir de bouillon et mettre au réfrigérateur pour 1 h. Pendant ce temps, mixer le Cantal, la crème, poivrer et répartir dans les verres. Décorer de baies roses et servir frais.
Vin de cépage de France : Gamay.

Sous les oliviers

Les vins de cépage, les fromages...

- Avec la **Syrah**: Ossau-Iraty, Manchego, Chèvre aux aromates.

- Avec le **Sauvignon**: Chèvre frais aux herbes, Mozzarella Burrata, Brousse.

- Avec le **Grenache rosé**: Rocamadour, Banon de Provence, Parmesan.

... et les recettes

- Mini-brochette Manchego, lomo, tomate cerise
- Soupe glacée de tomates, émietté de Brousse
- Courgette à la crème de Banon de Provence
- Paccheri en salade d'été, dés de Mozzarella

À la lumière de l'été, en mode vacances

Les pays méditerranéens ont de beaux fromages à proposer. Qu'ils viennent de France, d'Italie ou d'Espagne, ceux-là incarnent le goût brut. Avec une grande diversité facile à réunir dans une ambiance aussi belle que naturelle. Une invitation au farniente.

Grenache rosé, Syrah et Sauvignon

Pleins d'insouciance, les fromages méditerranéens ont des saveurs sauvages et des textures tendres ou dures selon l'affinage. Les harmonies sont en 3 couleurs. Le Grenache rosé sur le Chèvre, le Sauvignon sur les fromages doux et la Syrah sur les fromages plus forts.

Sous les oliviers

Viognier & Banon de Provence

Ce petit chèvre délicat enveloppé d'une feuille de châtaignier fermée de raphia incarne tout le charme de la Haute Provence. Sa texture souple ou fondante appelle une pointe de vivacité dans le vin, et son arôme intense de Chèvre nécessite un vin puissant et très aromatique pour jouer dans la même cour. Le Viognier remplit cette mission avec brio. L'effet est optimisé avec une pêche blanche, qui joue le rôle de médiateur, cet arôme existant dans le Viognier.

Grenache rosé & Brousse

La Brousse de vache est pleine de fraîcheur et de légèreté. Elle a sa place en fin de repas, parfois comme un dessert, et on la sert même avec un miel clair et doux, de romarin par exemple. Le Grenache rosé est le cépage idéal pour la Brousse : une pointe de vivacité pour fluidifier la bouche, une rondeur aimable en finale. On apprécie aussi les arômes de petits fruits rouges acidulés, comme la groseille, qui se jouent facilement de la saveur lactée de la Brousse.

Syrah & Ossau-Iraty

Avec son bouquet fort de brebis, il est le roi des fromages basques. Il est apprécié pour sa distinction épicée et sauvage et pour la complexité de ses arômes d'affinage. L'Ossau-Iraty préfère les vins plutôt puissants, avec un rappel épicé, et surtout avec suffisamment de vivacité pour contrebalancer sa saveur lactique légèrement acidulée. La Syrah est le cépage idéal.

Sauvignon & Chèvre frais

Avec un Chèvre frais aux herbes, on choisit un vin aromatique aux notes herbacées ou végétales, suffisamment vif pour accompagner la puissance lactique et les saveurs caprines : un Sauvignon blanc est parfait. Il fait également merveille sur la Mozzarella à laquelle sa pointe acidulée donne du relief. C'est d'autant plus vrai s'il s'agit de Mozzarella de Bufflonne, à la saveur sauvage, ou enrichie de crème fraîche, comme la Mozzarella Burrata, nouvelle coqueluche des Italiens.

Recettes sous les oliviers

Mini-brochette Manchego, lomo, tomate cerise

Préparation **10 mn** | Difficulté ★ | Coût €€

Pour 6 personnes : 150 g de Manchego coupé en dés • 12 tomates cerises • 12 tranches fines de lomo ibérique • Poivre du moulin

Enfiler sur des piques décorées un dé de Manchego, une tranche de lomo pliée en deux ou trois et une tomate cerise. Poivrer et servir frais.
Vin de cépage de France : Syrah.

Courgette à la crème de Banon de Provence

Préparation **30 mn** | Cuisson **5 mn** | Repos **30 mn**
Difficulté ★★ | Coût €

Pour 6 personnes : 6 mini-courgettes rondes • 1 Banon de Provence • 100 g de mascarpone • 1 cs d'huile d'olive • Gros sel • Poivre du moulin

Dans une casserole d'eau salée bouillante, blanchir les courgettes pendant 5 mn ; les égoutter, les passer sous l'eau froide, les poser sur une feuille de papier absorbant et laisser refroidir. Dans un grand bol, mélanger le Banon de Provence, le mascarpone, l'huile d'olive et poivrer. Couper le chapeau des courgettes, les évider et les remplir généreusement de crème au Banon de Provence. Remettre le chapeau et servir frais.
Vin de cépage de France : Grenache rosé.

Soupe glacée de tomates, émietté de Brousse

Préparation **10 mn** | Difficulté ★ | Coût €

Pour 6 personnes : 30 cl de gaspacho de tomates • 15 feuilles de basilic frais • 100 g de Brousse • Poivre du moulin

Conserver 6 feuilles de basilic, ciseler les autres et les mélanger délicatement au gaspacho, poivrer. Répartir cette préparation dans 6 verres. Émietter la Brousse, décorer d'une feuille de basilic et servir frais.
Vin de cépage de France : Sauvignon.

Paccheri en salade d'été, dés de Mozzarella

Préparation **15 mn** | Cuisson **15 mn** | Difficulté ★★ | Coût €€

Pour 6 personnes : 18 pâtes paccheri (ou autres pâtes de grande taille pouvant être farcies) • Sel • Poivre du moulin / **Salade d'été :** 100 g de tomates Roma (allongées) • 6 filets d'anchois à l'huile • 6 feuilles de basilic • 150 g de Mozzarella coupée en dés • 3 cs d'huile d'olive

Dans une grande casserole d'eau salée, faire cuire les pâtes *al dente,* pendant 15 mn ; les égoutter, les passer sous l'eau froide, réserver. Dans un saladier, mettre les tomates coupées en petits dés, les filets d'anchois coupés en 2, la Mozzarella, l'huile d'olive, assaisonner, mélanger. Farcir les pâtes, poivrer, décorer de basilic et servir frais.
Vin de cépage de France : Sauvignon.

À New York

Les vins de cépage, les fromages...

- Avec le **Chardonnay** : Camembert de Normandie, Fribourg et Sainte-Maure-de-Touraine.

- Avec le **Chenin** : Parmesan, Cheddar, Mimolette affinée.

- Avec le **Malbec** : Peccorino au poivre, Provolone fumé, Roquefort.

... et les recettes

- Wrap aux poires pochées, crème de Roquefort
- Flan de patates douces au Parmesan
- Camembert pané tiède, gelée de pommes granny
- Risotto aux écrevisses, petits pois et Cheddar

Fromages du monde et cépages français

Ville de tous les possibles, New York fait la fête aux fromages du monde. Les amateurs d'exotisme y sont nombreux. Du classique Camembert de Normandie au Parmesan, *Big Apple* met en scène ces fromages dans un esprit *arty*, un peu décalé mais toujours chic.

Chardonnay, Malbec et Chenin

Ces stars françaises ont conquis la 5e avenue. Ces trois cépages incarnent classe, audace et esprit. Ils aiment les fromages difficiles et intenses. La force du Malbec sur le Roquefort, la vivacité du Chenin sur le Parmesan, la rondeur fruitée du Chardonnay avec le Camembert.

À New York

Malbec & Roquefort

Très en vogue chez les *trendsetters*, le Roquefort est l'un des monstres sacrés de la culture française. Il allie crémosité, intensité saline, force gustative du lait cru de brebis... Outre un vin liquoreux, seul un vin rouge puissant, fruité et aromatique comme le Malbec peut le calmer. Ses tanins puissants mais arrondis lui donnent une belle longueur en bouche. Sa puissance fruitée et poivrée, sur des fruits très mûrs, finit le travail d'enrobage de ce fromage indomptable.

Chardonnay & Sainte-Maure-de-Touraine

Originaire de la région de Tours, le Sainte-Maure-de-Touraine est traversé d'une paille dans sa longueur, ce qui le consolide. Son odeur caprine est légèrement suave et sa pâte surprend par sa blancheur. Avec un affinage moyen, cette pâte molle développe des arômes noisetés assez délicats, ce qui la prédispose à un bel accord avec le cépage Chardonnay, dont la rondeur fruitée équilibre parfaitement la pointe saline du Sainte-Maure. Un pain neutre ou de campagne fera une bonne transition.

Chenin & Parmesan

Pour ce fromage colossal, issu de la maestria transalpine, on n'imagine pas de vin idéal, tant la salinité et l'intensité aromatique marquent les palais et les esprits. Le Chenin, injustement peu connu, réalise ici un exploit. Son intensité aromatique tient tête à celle du Parmesan. Mais c'est sa longue vivacité fruitée et minérale, tenace jusqu'en fin de bouche, qui contrecarre la force du Parmesan. Un équilibre de puissance racée, un grand moment culinaire.

Viognier & Camembert de Normandie

Le plus célèbre des fromages français est bien aimable, avec sa pâte molle et fondante. Le Camembert de Normandie, avec des arômes d'étable fraîche s'accorde parfaitement aux notes fruitées du Viognier, notamment l'abricot et la pêche blanche. La puissance aromatique de ce cépage, et surtout sa fraîcheur vive en finale, rend le Camembert fringant et léger.

Recettes à New York

Wrap aux poires pochées, crème de Roquefort

Préparation **15 mn** | Cuisson **15 mn**
Difficulté ★★ | Coût €€

Pour 6 personnes : 6 wraps • 2 poires • 50 g de sucre • 1 l d'eau • 1 pincée de muscade • Poivre du moulin / **Crème de Roquefort :** 150 g de Roquefort • 2 cs de crème liquide • 1 cs de pistaches concassées

Préparer un sirop en chauffant l'eau, le sucre et la muscade ; y pocher les poires entières, laisser refroidir, les peler et les couper en lamelles. Préparer la crème de Roquefort en faisant fondre tous les ingrédients à feu doux. Rouler les wraps, les remplir de poire et napper de crème de Roquefort.
Vin de cépage de France : Malbec.

Camembert pané tiède, gelée de pommes granny

Préparation **10 mn** | Cuisson **5 mn**
Difficulté ★★ | Coût €€

Pour 6 personnes : 2 pommes granny • 50 g de sucre • 5 cs d'eau • 1 feuille de gélatine • 1 Camembert pané • Poivre du moulin

Préparer la gelée de pommes granny : peler, nettoyer et mixer les pommes. Dans une casserole sur feu vif, mettre le sucre et l'eau pour obtenir un sirop, le mixer avec les pommes nettoyées, ajouter la gélatine et conserver au réfrigérateur. Ouvrir la boîte de Camembert, parsemer de poivre et mettre au four, préchauffé à 180 °C, pendant 5 mn pour que le fromage soit fondant. Servir avec la gelée de pommes.
Vin de cépage de France : Chardonnay.

Flan de patates douces au Parmesan

Préparation **15 mn** | Cuisson **20 mn**
Difficulté ★★ | Coût €

Pour 6 personnes : 750 g de patates douces • 3 œufs • 50 g de Parmesan râpé • 50 g de Gorgonzola • 15 cl de crème liquide légère • 1 pointe de muscade • Sel • Poivre du moulin

Peler et couper les patates douces en morceaux ; les faire cuire dans une casserole d'eau salée pendant 10 mn. Les égoutter et les écraser à la fourchette. Dans un saladier, battre les œufs, le Parmesan, le Gorgonzola, la crème, la muscade, poivrer. Ajouter la patate douce écrasée, mélanger. Répartir la crème dans des petits moules à muffin en silicone. Mettre au four, préchauffé à 180 °C, pendant 10 mn. Servir tiède ou froid.
Vin de cépage de France : Chenin.

Risotto aux écrevisses, petits pois et Cheddar

Préparation **15 mn** | Difficulté ★★ | Coût €€€

Pour 4 personnes : 100 g de petits pois • 1 cs d'huile olive • 1 oignon émincé • 500 g de riz arborio (riz rond) • 12 queues d'écrevisses décortiquées • 1 l de court-bouillon de poisson • 2 cs de mascarpone • 100 g de Cheddar en petits dés • Quelques feuilles de coriandre • Poivre du moulin

Faire cuire les petits pois dans une grande casserole d'eau chaude salée, réserver.
Dans une casserole, sur feu vif, faire chauffer l'huile et faire dorer l'oignon. Puis, ajouter le riz et mélanger jusqu'à ce qu'il devienne transparent. Ajouter petit à petit le court-bouillon de poisson chaud jusqu'à ce que le riz soit cuit. En fin de cuisson, ajouter les écrevisses, les petits pois, le mascarpone, le Cheddar et la coriandre, mélanger et servir chaud.
Vin de cépage de France : Chenin.

Sous la neige

Les vins de cépage, les fromages...

- Avec le **Sauvignon** : Gorgonzola, Tome de montagne, Valençay.

- Avec le **Pinot noir** : Tome de brebis, Tête de moine, Cheddar fermier.

- Avec le **Merlot** : Stilton, Munster, Appenzell.

... et les recettes

- Escalopine de veau, Appenzell et ananas
- Velouté de fanes de radis, tartine au Valençay
- Pommes de terre ratte farcies au Gorgonzola
- Tome de brebis, pomme et confiture en bouchée

Week-end gourmand et cosy dans les cimes

Le fromage, voilà un sujet montagnard, et qui dit montagne dit ambiance feutrée et chaleureuse. Le chic montagnard s'incarne dans cette dégustation accueillante et chaleureuse sous la neige, avec les fromages d'hiver que l'on savoure après le sport.

Sauvignon, Merlot et Pinot noir

Dans un esprit léger et tonique, on met en scène principalement de beaux spécimens de fromages alpins. Le Sauvignon illumine le Gorgonzola, le Merlot magnifie l'Appenzell et le Pinot noir honore la Tête de moine. Trois Vins de Cépage fluides et digestes indispensables à ces accords.

Sous la neige

Sauvignon & Valençay

Cette pyramide à la délicate odeur de sous-bois et aux saveurs caprines marquées nécessite un vin blanc tonique aux arômes végétaux dont la vivacité et la force aromatique font jeu égal avec des notes caprines marquées. Le Sauvignon est le seul à pouvoir combiner toutes ces exigences. Certains rouges friands et frais sont également intéressants, comme le Gamay, dont l'exubérance de fruits rouges joue la même partition d'équilibre.

Pinot noir & Tête de moine

Ce fromage suisse délicieux créé par des religieux est servi en apéritif comme en fin de repas, et présente une saveur très fruitée. L'idée de le servir avec un Pinot noir, lui-même marqué par une belle puissance de cerise noire, est d'autant plus intéressante que ce cépage présente un profil vif pour accompagner la salinité de la Tête de moine, et des tanins légers pour respecter cette noble pâte.

Merlot & Stilton

Ce fromage persillé à la pâte veinée est un grand classique anglais. Comme avec les liquoreux, il compose avec le Merlot une alliance belle et racée. D'abord parce que le Merlot est d'une belle sève juteuse et concentrée, capable de contenir les arômes puissants de bleu. Mais ce sont surtout ses tanins veloutés qui équilibrent la pâte onctueuse du Stilton sans l'agresser. Enfin, la longueur fruitée du Merlot épouse parfaitement le contour salé de ce fromage.

Syrah & Tome de brebis

La Tome de brebis est un fromage étonnant ; elle allie une texture sensuelle, un goût moyennement fort avec des touches animales qui couvrent les saveurs lactées ; l'univers des vins rouges s'ouvre à une harmonie inattendue. Mais il faut un rouge à la fois aromatique pour jouer avec la force du lait de brebis, et délicat en tanins pour respecter ses saveurs lactées. Cette prouesse, la Syrah l'accomplit sans défaut.

Recettes sous la neige

Escalopine de veau, Appenzell et ananas

Préparation **15 mn** | Cuisson **15 mn**
Difficulté ★★★ | Coût 💶💶

Pour 6 personnes : 12 escalopines de veau • 250 g d'Appenzell coupé en fines lamelles • 6 tranches d'ananas au sirop • 1 cc de paprika • Poivre du moulin • Sel

Égoutter et couper les tranches d'ananas en fines lamelles ; conserver le sirop. Étaler les escalopines sur le plan de travail, répartir sur chacune l'ananas et l'Appenzell, saupoudrer de paprika, poivrer, rouler pour former des petits cigares. Les disposer dans un plat allant au four, arroser avec le sirop conservé, saler, poivrer et mettre au four, préchauffé à 210 °C, pendant 15 mn. Servir chaud.
Vin de cépage de France : **Merlot.**

Pommes de terre ratte farcies au Gorgonzola

Préparation **10 mn** | Cuisson **20 mn**
Difficulté ★★ | Coût 💶💶

Pour 6 personnes : 18 petites pommes de terre de même taille • 6 tranches de jambon de Bayonne coupées en lanières • 150 g de Gorgonzola en lamelles • Sel • Poivre du moulin

Faire cuire les pommes de terre *al dente*, dans une casserole d'eau salée, pendant 5 mn ; les refroidir, les peler et les couper en deux dans le sens de la longueur ; puis déposer une lamelle de Gorgonzola, reformer la pomme de terre et la maintenir avec une lanière de jambon. Poivrer, mettre au four, préchauffé à 200 °C, pendant 15 mn. Déguster chaud.
Vin de cépage de France : **Sauvignon.**

Velouté de fanes de radis, tartine au Valençay

Préparation **15 mn** | Cuisson **20 mn**
Difficulté ★★ | Coût 💶

Pour 6 personnes : 2 bottes de radis • 2 oignons • 3 pommes de terre • 3 cs de crème fraîche • Gros sel • Poivre du moulin / Tartine de Valençay : 12 radis • 1 Valençay • 2 cs de cerfeuil ciselé • 1 baguette

Nettoyer les radis, les couper en rondelles, réserver. Faire cuire les fanes, coupées en morceaux, dans une casserole d'eau bouillante salée avec les pommes de terre et les oignons pendant 20 mn. Poivrer, ajouter la crème fraîche, mélanger et remettre sur le feu pour obtenir la consistance d'un velouté.
Couper le Valençay en lamelles. Couper la baguette en deux dans le sens de la longueur, recouvrir la mie de lamelles de Valençay, poivrer et mettre sous le gril du four pendant 3 mn ; parsemer de cerfeuil et décorer de rondelles de radis.
Vin de cépage de France : **Sauvignon.**

Tome de brebis, pomme et confiture en bouchée

Préparation **15 mn** | Difficulté ★ | Coût 💶

Pour 6 personnes : 300 g de Tome de brebis en fines tranches • 4 pommes granny • 100 g de confiture de cerises noires • 12 tranches de pain au sésame • Poivre du moulin

Laver et couper les pommes en rondelles. Superposer successivement une tranche de pain, de Tome, de pomme, de Tome, de pain et terminer avec une fine couche de confiture et une pincée de poivre.
Vin de cépage de France : **Pinot noir.**

70's

Les vins de cépage, les fromages...

- Avec le **Cinsault rosé**: Vache qui rit®, Babybel®, Kiri®.

- Avec le **Chardonnay**: Brie de Meaux, Gruyère, Cheddar.

- Avec le **Gamay**: Cantal, Gouda, Tome de Savoie.

...et les recettes

- Gougères à la crème de Gruyère
- Mini-hamburger au Cantal
- Pizzetta de courgettes, Kiri® et pignons grillés
- Tzatziki à la Vache qui rit®, frites de patates douces

Un clin d'œil 70's aux fromages nostalgie

On adore ces années plastique où l'orange était la couleur moderne de la vie. C'était l'époque des goûts modernes, des formes qui font sourire encore aujourd'hui, avec un brin de nostalgie. Imaginez une dégustation de Fromages & Vins de Cépage *post seventies*.

Chardonnay, Gamay et Cinsault rosé

Leurs goûts espiègles rappellent l'époque où la fraise tagada est née. Intenses et décalés, ces trois cépages ultra parfumés le sont aussi ; le Chardonnay sur la poire, le Cinsault sur la grenadine, et le Gamay sur la fraise. Parfaits sur des fromages à tendance régressive.

70's

Chenin & Brie de Meaux

Tout le monde pense qu'avec ce grand classique français, il faut servir un vin rouge. C'est une erreur, tant les tanins produisent avec les pâtes molles des notes métalliques peu amènes. Le Brie est donc un terrain de jeu parfait pour les blancs, surtout lorsque leur vivacité en bouche se prolonge longtemps ; d'une part, elle équilibre la bouche en atténuant le gras du fromage et d'autre part, elle prolonge les arômes fruités du vin tout au long de la dégustation.

Gamay & Cantal

Cette pâte pressée deux fois et salée dans la masse présente une chair ferme et bien granulée. Avec ses saveurs lactées et une acidité assez vive, on pense logiquement jouer une partition de vins blancs, pour rester sur un registre tonique. Mais cette nervosité fraîche, on la trouve aussi dans les vins rouges juteux et espiègles, aux arômes de fruits rouges fraîchement ramassés au détour d'une promenade. Le Gamay est sans conteste le cépage qui convient le mieux pour cet exercice, en raison de son exubérance fruitée et de son côté friand et enjoué.

Cinsault rosé & Babybel®

Derrière son emballage malin, c'est un vrai fromage, avec un goût régressif et surtout une acidité maîtrisée. On jouera sur ce fromage star des *seventies* un vin d'attaque vive et acidulée, mais tendre en finale, avec un peu de rondeur, afin de respecter la douceur de la pâte. Rien de mieux qu'un rosé ensoleillé, produit à partir du cépage Cinsault, qui remplira cette mission avec enthousiasme.

Chardonnay & Gruyère

Le Gruyère, lorsqu'il est jeune, fleure le beurre frais et présente des saveurs lactées modérées. S'il s'accommode de cépages rouges friands et jeunes, un brin acidulés, comme le Gamay ou le Pinot noir, c'est avec le Chardonnay qu'il s'accorde le mieux. L'équilibre juste de rondeur beurrée et de légère vivacité de ce cépage épouse parfaitement le profil de ce fromage enfantin.

Recettes 70's

Gougères à la crème de Gruyère

Préparation **10 mn** | Cuisson **10 mn**
Difficulté ★ | Coût 💶💶

Pour 4 personnes : 150 g de Gruyère • 1 cs de mascarpone • 3 cs de ciboulette ciselée • 16 gougères natures • Poivre mignonnette

Râper le Gruyère. Dans une casserole, sur feu doux, faire fondre le mascarpone, ajouter le Gruyère et laisser cuire en remuant sans arrêt pour obtenir une masse homogène. Poivrer, laisser refroidir, mettre dans un saladier, ajouter la ciboulette et bien mélanger. Ouvrir les gougères en deux et les farcir de crème de Gruyère.
Vin de cépage de France : Chardonnay.

Mini-hamburger au Cantal

Préparation **10 mn** | Cuisson **10 mn**
Difficulté ★★ | Coût 💶💶

Pour 4 personnes : 2 oignons ciselés • 20 g de beurre • 4 steaks hachés • 4 lamelles de Cantal • 4 mini-pains • 4 feuilles de salade • Sel • Poivre

Faire dorer les oignons dans le beurre, les retirer et faire cuire les steaks 2 mn de chaque côté ; poser la tranche de Cantal dès qu'ils sont retournés. Ouvrir les mini-pains en deux, poser successivement une feuille de salade, le steak avec le fromage, 1 cs d'oignons, couvrir et servir aussitôt.
Vin de cépage de France : Gamay.

Pizzetta de courgettes, Kiri® et pignons grillés

Préparation **15 mn** | Cuisson **10 mn**
Difficulté ★★ | Coût 💶

Pour 4 personnes : 1 pâte feuilletée • 2 courgettes coupées en fines lanières • 4 Kiris® • 2 cs de pignons • Huile d'olive • Sel • Poivre du moulin

Étaler la pâte feuilletée, découper des formes selon vos moules individuels, les disposer dans les moules et mettre au four, préchauffé à 180 °C, pendant 5 mn. Laisser refroidir. Dans une casserole d'eau bouillante salée, blanchir 1 mn les lanières de courgettes, les passer sous l'eau froide et les poser sur une feuille de papier absorbant. Faire griller à sec les pignons. Remplir les pizzettas de Kiri®, puis disposer les courgettes, les pignons, poivrer et ajouter un filet d'huile d'olive.
Vin de cépage de France : Cinsault rosé.

Tzatziki à la Vache qui rit®, frites de patates douces

Préparation **15 mn** | Cuisson **10 mn**
Difficulté ★★ | Coût 💶

Pour 4 personnes : 2 patates douces • Huile de friture • 1 concombre • 300 g de Vache qui rit® • Poivre

Nettoyer les patates douces et les couper en grosses frites. Les passer à la friteuse à 180 °C pendant environ 5 mn. Réserver au chaud. Peler le concombre, enlever les graines ; le mixer avec la Vache qui rit® en conservant des petits morceaux de légumes. Ajouter du poivre. Répartir dans des verrines et servir le tzatziki accompagné de frites de patates douces chaudes.
Vin de cépage de France : Cinsault rosé.

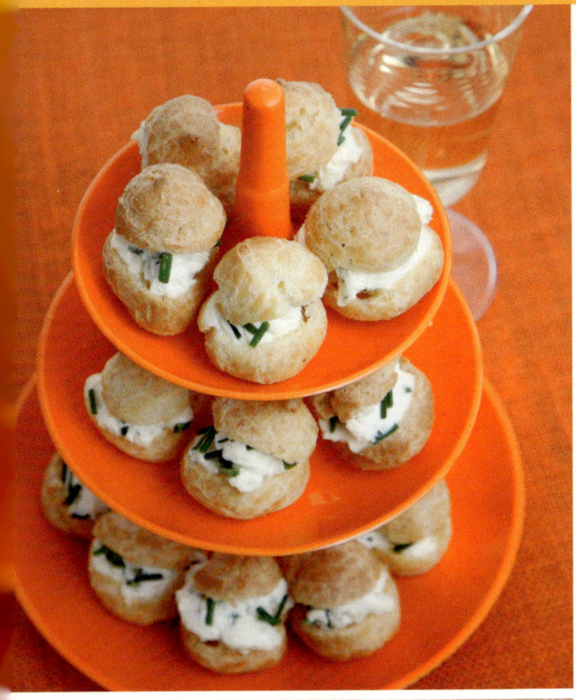
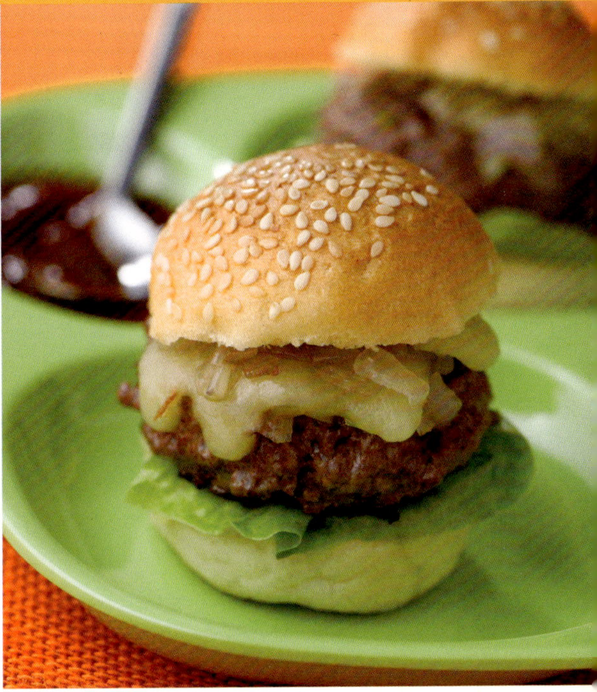
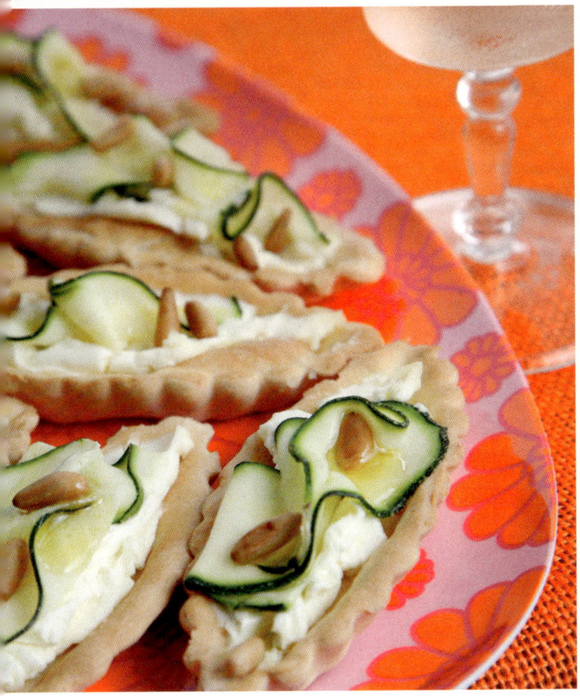
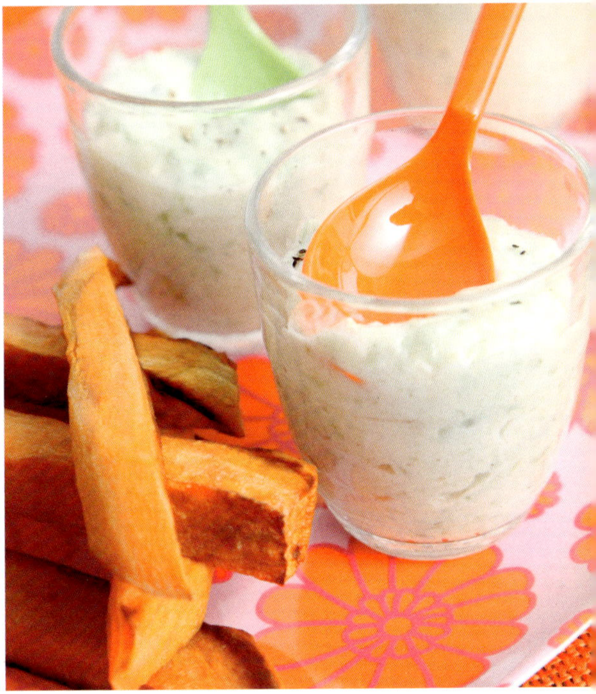

Girly

Les vins de cépage, les fromages...

- Avec le **Viognier** : Ossau-Iraty, Chabichou du Poitou, Salers.

- Avec le **Chardonnay** : Camembert, Beaufort, Emmental.

- Avec le **Merlot** : Comté, Gouda jeune, l'Etivaz.

...et les recettes

- Carpaccio de bœuf aux copeaux de Comté

- Flan de Salers aux pousses d'épinards, gambas

- Asperges vertes rôties, sabayon au Beaufort

- Chabichou, pamplemousse rose, viande des Grisons

Aussi léger et optimiste qu'un air de guinguette

Dans une ambiance aérienne, le fromage sait se faire léger et digeste. Cette dégustation réconcilie le plaisir gustatif et la légèreté, dans une mise en scène un brin *girly*. Avec des associations nouvelles et faciles à réaliser, la gourmandise se fait simple et détendue.

Merlot, Chardonnay et Viognier, une histoire tendre et sensuelle

Ici, la dégustation Fromages & Vins de Cépage est une histoire tendre et sensuelle autour de vins généreux, parfumés, pleins d'opulence. Les fromages légers et digestes, essentiellement des pâtes pressées et des fromages de chèvre, sont leurs meilleurs compagnons.

Girly

Chardonnay & Emmental

Comme pour le Gruyère jeune, l'Emmental se réjouit d'un accord avec le Chardonnay. Les deux ont un registre aromatique de force équivalente, donc il n'y a pas de domination, et ce respect mutuel crée un accord superbe. L'autre élément de réussite vient des saveurs en bouche. La pointe de vivacité piquante de l'Emmental doit être compensée par un élément rond et apaisant.

Chenin & Beaufort

Dans le cas du Beaufort, qui est plus fort que l'Emmental, l'accord se révèle plus exigeant. En effet, le Beaufort profite d'un affinage plus long, et développe des saveurs lactées plus soutenues, plus concentrées, en même temps qu'une salinité plus marquée. Il faudra jouer l'accord sur un blanc très aromatique, mais doté surtout d'une vivacité persistante pour lutter à armes égales avec l'acidité et la salinité de cette noble pâte. Le Chenin compose un accord avec une exactitude étonnante.

Viognier & Chabichou du Poitou

Le Chabichou frais est le compagnon idéal des fêtes légères. Son caractère caprin doux et sa blancheur candide en fait l'un des préférés des femmes en alliant goût et subtilité.

Pour accompagner sa texture un peu compacte et sa force aromatique, on choisira le Viognier, cépage injustement méconnu, qui apporte la rondeur nécessaire à l'équilibre et la force aromatique (pêche blanche et violette) qui répond bien à l'intensité caprine de ce beau fromage.

Merlot & l'Etivaz

Ce fromage suisse est une valeur montante. Parce que son registre aromatique est riche, avec des notes de noisette, mais aussi de muscade, de fumé et de caramel mou, il permet une association avec un cépage rouge choisi pour sa richesse aromatique plus que pour sa charpente. Le Merlot, aux tanins soyeux, et aux touches épicées, tutoie facilement ce beau fromage, surtout lorsqu'il est jeune et plein de sève.

Recettes Girly

Carpaccio de bœuf aux copeaux de Comté

Préparation **5 mn** | Difficulté ★ | Coût €€

Pour 6 personnes : 60 g de copeaux de Comté • 2 cs d'huile d'olive • 1 cc de sauce Worcestershire • 1 cc de tabasco (facultatif) • 18 tranches fines de carpaccio de bœuf • Fleur de sel • Poivre du moulin

Dans un bol, mélanger l'huile d'olive, la sauce Worcestershire et le tabasco. Déposer, dans chaque assiette, 3 tranches de carpaccio, arroser de quelques gouttes du mélange d'huile d'olive, saler, poivrer, répartir les copeaux de Comté et servir.
Vin de cépage de France : Merlot.

Asperges vertes rôties, sabayon au Beaufort

Préparation **15 mn** | Cuisson **10 mn**
Difficulté ★★ | Coût €€

Pour 6 personnes : 18 asperges vertes • 2 jaunes d'œufs • 15 cl de lait • 50 g de Beaufort râpé • Sel • Poivre du moulin

Plonger les asperges dans une grande casserole d'eau bouillante salée pendant 3 mn, les égoutter et les mettre aussitôt dans l'eau froide. Préparer le sabayon : battre les jaunes d'œufs, le lait et le Beaufort et les mettre sur feu moyen sans cesser de battre au fouet jusqu'à ce que le sabayon s'épaississe. Disposer les asperges dans un plat allant au four, couvrir à moitié de sabayon, mettre au four, préchauffé à 200 °C, pendant 5 mn. Servir chaud.
Vin de cépage de France : Chardonnay.

Flan de Salers aux pousses d'épinards, gambas

Préparation **15 mn** | Cuisson **10 mn**
Difficulté ★★ | Coût €€€

Pour 4 personnes : 6 gambas • 1 court-bouillon de poisson • 60 g d'épinards frais hachés • 4 œufs • 50 g de beurre fondu • 50 g de crème fraîche • 60 g de farine • 1/2 cc de muscade • 100 g de salers râpé • 2 cs de cerfeuil ciselé • Sel • Poivre du moulin

Plonger les gambas dans un court-bouillon chaud, éteindre le feu et laisser refroidir. Séparer les jaunes des blancs d'œufs ; monter les blancs en neige. Dans un saladier, mélanger le beurre, la crème, la farine, la muscade, puis ajouter les jaunes, le salers, les épinards, mélanger, assaisonner et incorporer délicatement les blancs en neige. Répartir dans des moules individuels beurrés et mettre au four, préchauffé à 200 °C, pendant 5 mn, démouler. Décortiquer les gambas en conservant la queue ; en couper 2 en dés, les assaisonner, poser 1 cc sur les flans avec une gambas entière et un brin de cerfeuil.
Vin de cépage de France : Viognier.

Chabichou, pamplemousse rose, viande des Grisons

Préparation **10 mn** | Difficulté ★★ | Coût €€€

Pour 4 personnes : 2 Chabichou • 3 pamplemousses roses • 4 tranches de viande des Grisons • Sel • Poivre du moulin

Enlever la peau blanche des pamplemousses en conservant les tranches entières. Couper les Chabichou en deux. Couper la viande des Grisons en lanières fines. Dans des verrines, répartir d'abord les tranches de pamplemousses, le Chabichou, la viande, assaisonner.
Vin de cépage de France : Viognier.

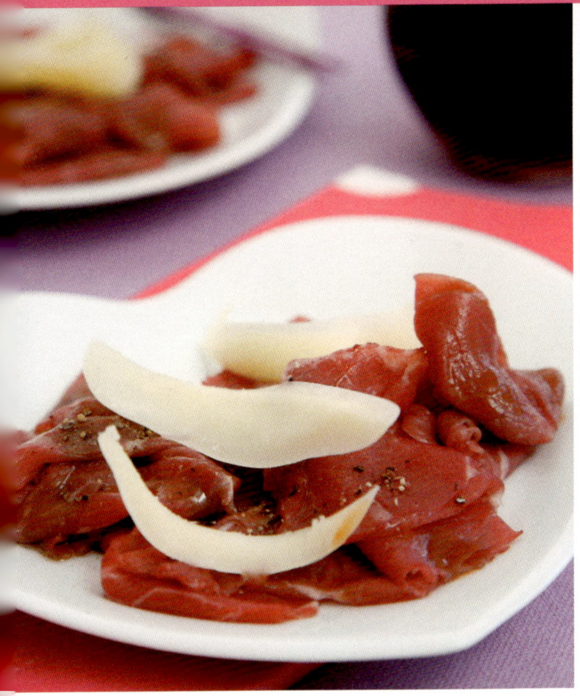
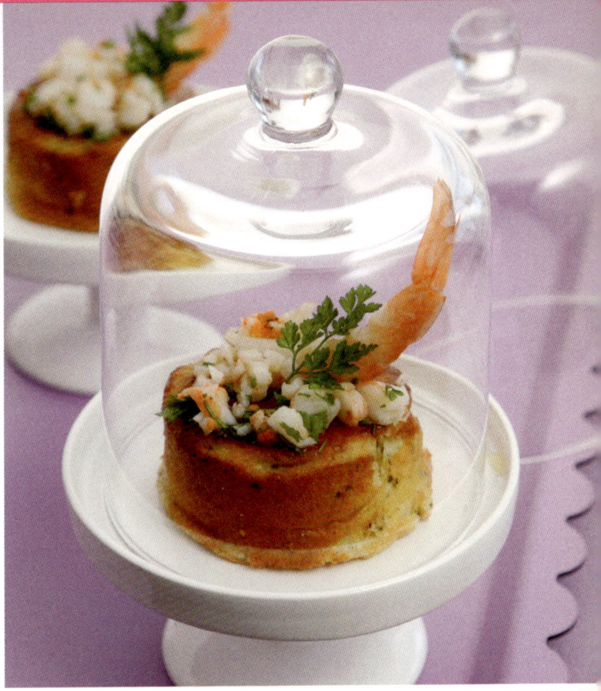
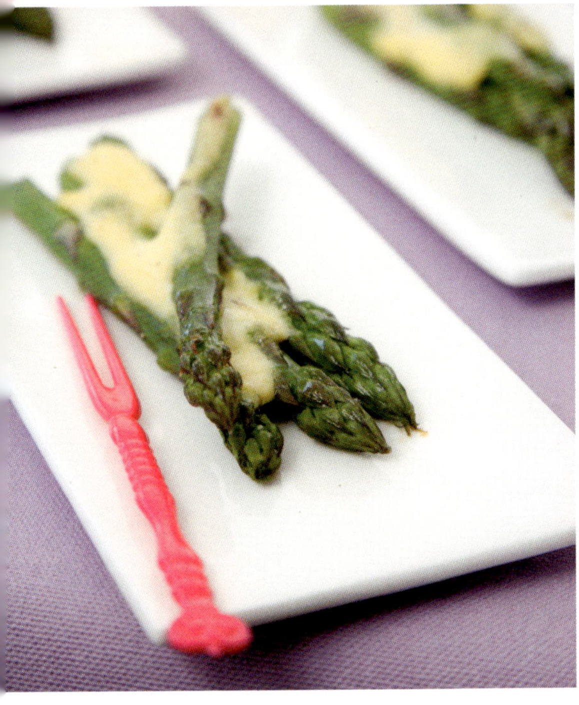
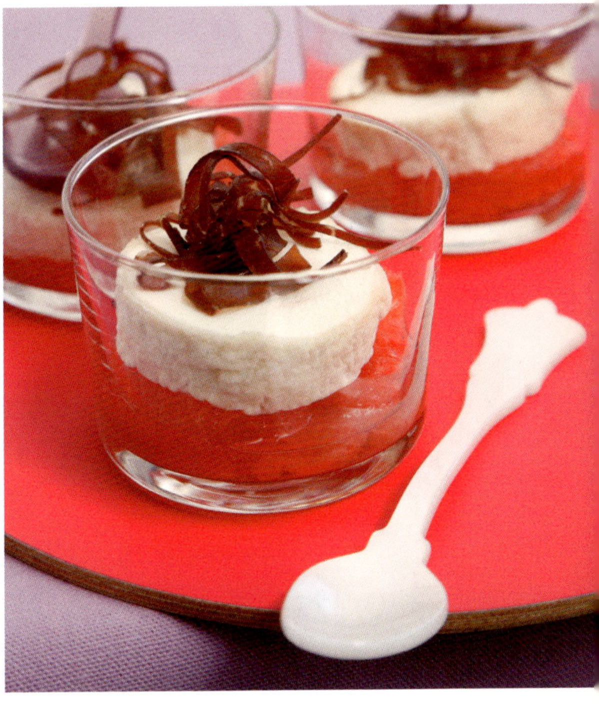

Pouligny Saint-Pierre

Emmental

Fourme d'Ambert

Sauvignon

Chardonnay

Muscat doux

Pure dégustation

- Carpaccio de saint-jacques au Parmesan
- Risotto au Pouligny et seiches sautées
- Tajine de lapin, safran et Bleu d'Auvergne
- Pastilla de pintade aux cèpes et au Murol
- Madeleine, Picodon et ciboulette
- Cheesecake au Saint-Félicien, coulis au poivre

Picodon — Saint-Marcellin — Tome de Savoie

Cinsault rosé — Gamay — Merlot

Alliances subtiles et sublimes en trois couleurs

Ce moment magique pour les papilles met en scène une dégustation comparative aussi goûteuse qu'efficace. On teste les différentes familles de fromages avec de beaux Vins de Cépage et dans les trois couleurs. Cet instant privilégié est l'occasion de confronter les avis des convives, et de comprendre rapidement ce qui marche bien dans les harmonies vin-fromage. Le plaisir sensoriel à son maximum !

Recettes de pure dégustation

Carpaccio de saint-jacques au Parmesan

Préparation **15 mn** | Difficulté ★ | Coût €€€

Pour 4 personnes : 4 saint-jacques • 60 g de Parmesan • 1 cs d'huile de noix • 100 g de cerneaux de noix • Sel • Poivre du moulin

Couper en lamelles fines les saint-jacques et le Parmesan. Assaisonner les saint-jacques avec l'huile de noix, du sel et du poivre. Disposer toutes les lamelles, en les intercalant, sur 4 assiettes ou plaques d'ardoise, parsemer de poivre. Concasser grossièrement les noix. Servir aussitôt le carpaccio accompagné de noix.

Vin de cépage de France : Chardonnay.

Tajine de lapin, safran et Bleu d'Auvergne

Préparation **10 mn** | Cuisson **1 h 45**
Difficulté ★★ | Coût €€

Pour 4 personnes : 4 râbles de lapin désossés • 3 à 4 pistils de safran • 15 g de raisins secs • 15 g d'abricots secs • 15 g de pruneaux • 20 cl de fond de veau • 15 g de pignons • 2 cl d'huile d'olive • 100 g de Bleu d'Auvergne • Sel • Poivre

Dans un plat à tajine, disposer les morceaux de lapin, les raisins, les abricots et les pruneaux coupés en dés. Mouiller avec le fond de veau, ajouter le safran, l'huile d'olive, assaisonner, couvrir et faire cuire au four, préchauffé à 180 °C, pendant 1 h 45. Griller à sec les pignons et les ajouter dans le tajine ainsi que les dés de Bleu d'Auvergne. Servir chaud dans le plat de cuisson.

Vin de cépage de France : Muscat.

Risotto au Pouligny et seiches sautées

Préparation **10 mn** | Cuisson **30 mn**
Difficulté ★★ | Coût €€

Pour 4 personnes : 1,5 l de bouillon de poisson • 1/2 cc de safran • 35 g de beurre • 1 oignon ciselé • 400 g de riz arborio • 1 courgette en lamelles • 12 cl de vin blanc • 30 g de mascarpone • 100 g de Pouligny • 12 petites seiches • Sel • Piment d'Espelette

Dans une petite casserole, garder au chaud le bouillon mélangé avec le safran. Dans une grande sauteuse, sur feu vif, faire dorer l'oignon dans le beurre, puis ajouter le riz, bien mélanger et attendre qu'il devienne transparent. Puis, ajouter la courgette, le vin blanc et le bouillon, louche par louche, mélanger sans arrêt et ajouter du bouillon dès qu'il est absorbé par le riz. Lorsqu'il n'y a plus de bouillon, le riz est cuit et commence à être un peu gluant. Ajouter alors le mascarpone et le Pouligny coupé en petits dés ; bien mélanger, vérifier l'assaisonnement et servir chaud accompagné de petites seiches sautées 2 à 3 mn avec un peu de beurre. Parsemer de piment d'Espelette.

Vin de cépage de France : Sauvignon.

Sauvignon : formidable sur les Chèvres frais. Nécessité d'une vivacité réciproque pour éviter la domination du vin ou du fromage. Besoin d'une force aromatique équivalente. Les arômes d'agrumes et de fruits exotiques prolongent les notes caprines.

Chardonnay : idéal sur les pâtes pressées à saveur modérée comme l'Emmental. Un fromage à acidité moyenne mais s'exprimant en finale, d'où l'intérêt d'un vin onctueux en fin de bouche. Enfin, des arômes lactés en correspondance avec les arômes beurrés du vin.

Muscat doux : parfait sur les fromages bleus. L'accord se réalise grâce à la sucrosité, seule capable de répondre aux arômes intenses des bleus et surtout à leur grande salinité. Cet accord de neutralisation impose aussi des vins très aromatiques comme le Muscat, les bleus n'étant pas des fromages délicats.

Recettes de pure dégustation

Pastilla de pintade aux cèpes et au Murol

Préparation **20 mn** | Cuisson **30 mn**
Difficulté ★★★ | Coût 💶💶

Pour 4 personnes : 1 oignon en petits dés • 2 carottes en petits dés • 30 g de beurre • 3 blancs de pintade coupés en dés • 1 cc de cumin en poudre • 1 cc de gingembre • 1 cc de coriandre en poudre • 1 cc de curcuma • 150 g de Murol • 100 g de cèpes • 1 pincée de piment • 8 feuilles de filo • Sel • Poivre

Faire fondre, dans le beurre, l'oignon, les carottes. Ajouter la pintade, les épices, 1/2 verre d'eau, couvrir et laisser cuire 20 mn à feu doux. À la fin de la cuisson, ajouter le Murol, les cèpes sautés préalablement à la poêle et le piment. Rectifier l'assaisonnement. Étaler 2 feuilles de filo l'une sur l'autre, déposer 1/4 de farce cuite, refermer et mettre au four, préchauffé à 180 °C, pendant 10 mn. Servir chaud.
Vin de cépage de France : Merlot.

Cheesecake au Saint-Félicien, coulis au poivre

Préparation **15 mn** | Repos **4 h**
Difficulté ★★ | Coût 💶💶

Pour 4 personnes : 50 g de spéculoos • 20 g de beurre fondu • 1 Saint-Félicien • 1 yaourt • 1 cc de jus de citron • 20 g de sucre • 1 feuille de gélatine • 1 coulis de fruits rouges • Poivre concassé

Mixer grossièrement les spéculoos, les mélanger avec le beurre et les répartir au fond du moule ; réserver 1 h au réfrigérateur. Dans un saladier, mélanger le Saint-Félicien, le yaourt, le citron, le sucre pour obtenir une mousse. Faire ramollir la feuille de gélatine, l'ajouter au mélange et remplir le moule. Remettre au réfrigérateur pour au moins 3 h. Servir nappé d'un coulis de fruits rouges et saupoudré de poivre concassé.
Vin de cépage de France : Gamay.

Madeleine, Picodon et ciboulette

Préparation **10 mn** | Cuisson **15 mn**
Difficulté ★★ | Coût 💶

Pour 16 madeleines : 2 œufs • 100 g de farine • 1 sachet de levure chimique • 2 cs d'huile d'olive • 1 Picodon coupé en dés • 2 cs de ciboulette ciselée • Sel • Poivre

Casser les œufs en séparant les blancs des jaunes. Dans un saladier, mélanger avec une cuillère en bois la farine, la levure et les jaunes. À part, fouetter à la fourchette les blancs sans les monter, les ajouter au mélange précédent avec l'huile puis fouetter énergiquement. Ajouter enfin le Picodon, la ciboulette, assaisonner. Verser dans des moules à madeleines et mettre au four, préchauffé à 240 °C, pendant 5 mn puis 10 mn à 180 °C. Vérifier la cuisson. Démouler aussitôt.
Vin de cépage de France : Cinsault rosé.

Cinsault rosé : très réussi avec les Chèvres plus secs. Besoin d'équilibrer la salinité du Picodon par la finale ronde et grasse du vin. Nécessité d'arômes riches et longs pour accompagner les saveurs caprines.

Gamay : bel accord en rouge avec les pâtes molles. Nécessité de compenser la texture molle par un rouge acidulé et vif qui allège la sensation. La force aromatique juteuse sur les fruits rouges se joue des saveurs lactées fortes et persistantes.

Merlot : impeccable sur les Tomes de brebis. Grâce à des tanins souples et soyeux qui n'agressent pas la saveur lactée du fromage. Grâce encore à une acidité modérée dans le vin, au même niveau que celle du fromage. Grâce enfin à un registre aromatique long de fruits rouges.

Réussir un apéro dînatoire Fromages & Vins de Cépage

Vous souhaitez recevoir des amis ? Pourquoi ne pas leur proposer une dégustation de Fromages & Vins de Cépage ? Un peu d'organisation, un bon fromager, une compréhension rapide des accords avec les vins, des pains différents pour pouvoir choisir et, pour que la fête soit totale, des fruits frais, des fruits secs, des légumes, des confitures.

Posez tout ceci sur votre table, le plus harmonieusement possible, tout simplement en respectant les principes d'associations présentés dans cet ouvrage, et chacun choisira en fonction de ses goûts, de l'ambiance et de ses envies du moment.
Pour toutes les étapes de préparation, consultez le tableau des accords parfaits pages 58-59.

Quelques jours avant…
Vos invitations sont parties, vos amis ont répondu, vous serez 8, 10, 12 voire une vingtaine ou plus. Vous pouvez soit choisir un thème de votre livre ou laisser libre cours à votre imagination. Voici un premier tableau qui vous indique les quantités à prévoir.

D'abord, les vins
Pour choisir les vins, c'est très simple. Il suffit de choisir un Vin de Cépage pour chaque plateau de fromages, soit à partir de votre cave, soit à acheter au dernier moment. Chaque apéro a été créé pour que trois vins correspondent aux goûts de vos convives et s'accordent avec trois plateaux par thème.
Bien souvent, les fromages sont associés aux vins rouges. Cette habitude est bien ancrée dans notre culture, mais sachez que de très nombreux vins blancs ou rosés sont d'excellents partenaires pour les fromages. Les apéros proposés permettent cette exploration de nouveaux accords étonnants et surprennent agréablement, loin des associations traditionnelles.

Prévoir par personne*
- 2 à 3 verres de Vin de Cépage
- 180 à 200 g de fromage
- 3 tranches de pains différents

*Sur la base de 3 Vins de Cépage, 3 plateaux de 3 fromages chacun et 3 pains différents.

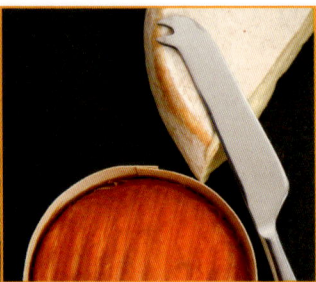

Puis, les plateaux de fromages

Quelques jours avant votre soirée, allez chez votre fromager pour commander les fromages ; écoutez-le ! Il saura vous diriger vers les fromages de saison, ceux qui seront bien affinés le jour J, ou vous faire découvrir de nouveaux producteurs.

Évitez les plateaux avec une multitude de fromages de familles différentes ; trois plateaux suffisent, avec trois fromages par plateau. Pour que les accords avec les vins soient bien réussis, choisissez de préférence trois fromages d'une même famille par plateau ; ainsi, par exemple, le Roquefort et le Chèvre frais ne jouent pas dans la même cour.

Allez chercher vos fromages le jour même ; ils seront mieux conservés chez votre fromager que dans votre réfrigérateur. Il se fera un plaisir de vous les garder. Les mettre au frais en attendant de les sortir une heure avant l'arrivée de vos invités ; un fromage se déguste à température ambiante, sous peine d'anesthésier ses saveurs.

Certains souhaitent accompagner chaque fromage d'une étiquette l'identifiant ; d'autres laissent leurs invités découvrir leur nom, c'est plus ludique... tout dépend de vos amis et de l'ambiance que vous voulez créer.

Passez chez votre boulanger

Soit quelques jours avant pour commander des pains spéciaux, soit le jour même si votre boulanger a un bel assortiment. N'y allez pas trop tard... les ficelles par exemple sont très demandées... et pas trop tôt, car les baguettes et les ficelles se conservent mal. Dans ce cas, essayez de commander la fournée de la fin de l'après-midi. Quoi qu'il en soit, voici une liste de base : baguette parisienne, pain de campagne, pain aux noix, pain aux raisins secs, pain aux céréales, pain complet, pain au levain ou multi-céréales. Mais aussi pain d'épeautre, pain au pavot, au sésame, à la tomate... Et puis, selon les fromages choisis, des pains plus spécifiques comme la fougasse, le pain aux olives, le pain au piment, ou des pains élaborés avec des farines spéciales comme la châtaigne, l'orge, le maïs, le seigle.

Prévoir un grille-pain posé sur un coin de la table : certains de vos convives aiment le pain grillé avec un chèvre mi-sec ou un bleu bien affiné.

Puis, chez votre marchand de légumes

N'oubliez pas les légumes – tomates, céleri –, les fruits frais – raisins, cerises, figues, poires, pommes –, les fruits secs – noix, noisettes, raisins secs, pignons –, et bien sûr la salade verte. Même si les légumes ne sont pas d'un grand intérêt d'un point de vue des accords avec les vins en raison de leurs saveurs végétales, ils sont très importants pour que la fête soit digeste et bien équilibrée. Une grande salade mélangée, juste assaisonnée d'huile d'olive et d'une goutte de vinaigre balsamique, apporte, au cours d'un apéro dînatoire Fromages & Vins de Cépage, une respiration souvent souhaitée.

Et quelques confitures qui accompagnent

traditionnellement certains fromages : confiture de cerises pour les brebis, de figues pour les fromages méditerranéens et les Chèvres, gelée de coings pour les Camemberts et autres Bries.

Au moment d'installer la table, disposez :

- Verres : un par couleur de vin.
- Assiettes : une par personne.
- Couverts.
- Moulin à poivre.
- Couteaux à fromage : un par plateau.

La grande famille des fromages

Les fromages présentés dans les ambiances de ce livre valorisent la production fromagère artisanale. Ils sont aussi l'occasion d'entrer dans un monde de saveurs en les associant aux Vins de Cépage de France. Les dégustations Fromages & Vins de Cépage revisitent les harmonies et permettent d'organiser des moments de pure délectation. Nous avons sélectionné les fromages dans toutes les gammes, des fromages frais aux bleus, sans oublier les fromages les plus connus de nos voisins. Avec ces dégustations Fromages & Vins de Cépage, le plaisir gustatif devient aussi diversifié que gourmand.

Fromages frais

Exemple : Brousse. Les fromages frais sont les plus jeunes des fromages. Certains ne les considèrent pas comme des fromages, car ils sont obtenus en égouttant le lait caillé. Sans salage, sans développement d'une croûte, et sans affinage, les pâtes fraîches contiennent beaucoup d'eau et sont les plus légers des fromages. Leur registre aromatique est simple et consiste en des notes lactées ou de crème. Les fromages de chèvre et de brebis frais sont plus riches car le lait de ces deux espèces animales est aussi plus fort.

Pâtes molles à croûte fleurie

Exemple : Brie. Elles sont produites à partir de lait caillé via la présure et l'acide lactique naturel du lait. Moulées à la louche (Camembert de Normandie), ces pâtes ne sont pas malaxées. Elles contiennent au maximum 50 % de matière sèche et sont égouttées naturellement. Pendant l'affinage, une fine fleur blanche se forme à la surface. Elle résulte de l'ensemencement du lait en *penicillium*, une moisissure blanche. Avec le temps, la croûte prend de la couleur et de l'odeur, tandis que la pâte acquiert une nuance paille jaune clair.

Pâtes molles à croûte lavée

Exemple : Munster. Au départ, ces fromages sont élaborés comme les pâtes molles à croûte fleurie. L'égouttage est accéléré par un découpage du lait caillé. Les pâtes sont ensuite salées après démoulage, puis placées telles quelles dans un local ventilé. Elles sont naturellement colonisées par des ferments qui leur donnent leur aspect ocre pendant l'affinage. Leur surface est régulièrement lavée d'eau salée ou avec des eaux-de-vie, voire de la bière. Si leur croûte devient avec le temps très odorante, la saveur de leur pâte reste néanmoins douce.

Pâtes pressées non cuites

Exemple : Cantal. Il s'agit le plus souvent de fromages au lait de vache. Après un caillage à la présure, un découpage en petits morceaux et un brassage, l'égouttage est rapide. Il se fait le plus souvent dans une presse légère. La pâte est frottée au sel et mûrit ensuite tranquillement, dans une cave humide. Elle est fréquemment

Marie Quatrehomme
la grande dame du fromage

Avec sa petite sœur, elle allait vraiment chercher le lait frais à la ferme du côté de Pornic. Comme souvent, ce sont les saveurs et odeurs brutes de l'enfance qui marquent un destin. Elle rencontre son futur mari, dont les parents faisaient tourner avec succès une grosse affaire rue de Sèvres, à Paris... une fromagerie. Aujourd'hui, Marie et son époux ont su faire de cette adresse une des plus courues de Paris. Avec un credo simple : une sélection des meilleurs fromages, produits affinés avec soin, dans les conditions environnementales les plus exigeantes.

salée, brossée et retournée. Ces fromages ont ainsi une conservation plus longue. On peut ainsi les consommer à différents stades d'affinage. Leur saveur varie de fraîche, lactée et légère, à intense et forte.

Pâtes pressées cuites

Exemple : Comté. Pour ces fromages, le lait est emprésuré à 30 °C. Après avoir été découpé et brassé, le caillé est chauffé à plus de 50 °C ; la pâte est donc déshydratée. Le fromage est alors serré dans une toile puis pressé puissamment. Les meules, lourdes, sont placées dans une cave fraîche et reçoivent des soins fréquents : lavage, essuyage, brossage à la saumure, retournement. Pendant un long affinage, une fermentation peut se produire et provoquer des fissures ou des bulles ; ces trous donnent une saveur piquante qui contribue à renforcer le goût.

Pâtes persillées (les bleus)

Exemple : Roquefort. Le plus souvent, il s'agit de fromages au lait de vache. La coagulation est obtenue par emprésurage, ou par acide lactique, ce qui donne des pâtes plus fortes en goût. Le caillé s'égoutte naturellement, puis est ensemencé de *penicillium*, d'où les belles veines et marbrures bleues ou bleu-vert. Les fromages sont ensuite percés avec des aiguilles, ce qui permet aux moisissures de coloniser entièrement la pâte. L'affinage est long, au moins 3 semaines et jusqu'à plusieurs mois pour le Roquefort. Le goût est puissant et persistant.

Pâtes fondues

Exemple : Vache qui rit®. Comme leur nom l'indique, ces spécialités fromagères sont obtenues par cuisson de différents fromages dont la pâte est fondue ; elles sont agrémentées parfois d'aromates (ail, fines herbes) ou d'épices (poivre, paprika).

Chèvres

Exemple : Sainte-Maure-de-Touraine. Ils sont exclusivement produits à base de lait de chèvre et sont si diversifiés qu'ils constituent une famille à part entière. Majoritairement des pâtes molles à croûte naturelle, ils sont parfois aussi des pâtes pressées non cuites (Tomes).

Accords parfaits vins & fromages

Pour organiser facilement une dégustation Fromages & Vins de Cépage, nous vous donnons les clés des meilleurs accords à partir de vos cépages préférés. Bien sûr, certains fromages peuvent

Cépages	Meilleurs accords
Chardonnay	Beaufort, Brie, Camembert, Cantal jeune, Cheddar doux, Emmental, Fribourg, Gruyère jeune, Pont-l'Évêque, Sainte-Maure.
Chenin	Beaufort, Brie de Meaux, Mimolette affinée, Parmesan.
Muscat doux	Fourme d'Ambert, Roquefort.
Sauvignon	Abondance, Brousse, Chèvre aux herbes, petit Chèvre frais, Crottin de Chavignol, Gorgonzola, Mozzarella Burrata, Pouligny-Saint-Pierre, Ricotta, Valençay.
Viognier	Banon de Provence, Brillat-Savarin, Camembert, Chabichou, Cottage cheese, Crottin de Chavignol, Époisses, Livarot, Manchego, Reblochon.
Cinsault rosé	Babybel®, Brie de Meaux, Comté jeune, Crottin de Chavignol demi-affiné, Morbier, Vache qui rit®.
Grenache rosé	Banon de Provence, Brousse, Parmesan, Rocamadour.
Cabernet-Sauvignon	Fourme d'Ambert, Pont-l'Évêque, Saint-Nectaire.
Gamay	Cantal, Edam, Féta, Gouda, Saint-Marcelin, Tome de Savoie.
Malbec	Pecorino, Provolone, Roquefort.
Merlot	Appenzell, Gouda jeune, L'Etivaz, Munster, Stilton, Tome de Savoie.
Pinot noir	Cheddar fermier, Tête de moine, Tome de brebis.
Syrah	Chèvre frais au thym, Manchego, Ossau-Iraty, Tome de brebis.

s'accompagner de plusieurs cépages, et parfois même d'une couleur différente. Vous pouvez ainsi rapidement personnaliser ces moments gourmands en toute liberté.

Pains	Principes d'harmonie
Pain aux noix	Des sensations à la fois fringantes et rondes, voilà un juste équilibre pour adoucir en bouche le piquant de ces fromages.
Ciabatta	La vivacité persistante du Chenin contrebalance la forte saveur salée de ces fromages. L'intensité aromatique du Chenin accompagne celle des fromages au goût puissant.
Pain aux raisins	Le grand moelleux du Muscat équilibre la puissance gustative et la saveur salée des bleus. Sa force aromatique est l'égale de celle des fromages persillés.
Baguette Wasa	La vivacité exotique du Sauvignon et ses accents sauvages équilibrent la saveur lactée fraîche de ces fromages. Notamment sur les chèvres.
Pain au levain traditionnel	La force et l'intensité aromatique du Viognier enrobent et accompagnent la saveur forte des pâtes molles jusqu'en fin de bouche.
Pain à la tomate	La douce vivacité du Cinsault rosé réveille la pâte tendre et modérément aromatique de ces fromages.
Baguette	La vivacité du Grenache rosé et ses arômes de petits fruits rouges équilibrent les saveurs lactées des fromages frais mais aussi la grande vivacité du Parmesan.
Pain au levain	La plénitude et la puissance du Cabernet-Sauvignon compensent efficacement les pâtes très aromatiques et rustiques de ces fromages.
Pain de campagne	La texture juteuse et la vivacité friande du Gamay savent épouser et atténuer les saveurs lactées modérées de ces fromages.
Pain aux raisins	Les vins rouges secs, puissants, aromatiques et charnus comme le Malbec compensent la force aromatique de ces fromages jusqu'en fin de bouche.
Pain au levain	L'opulence du Merlot répond à la persistance aromatique de ces fromages, et son fruité les accompagne parfaitement quand ils sont jeunes.
Baguette au pavot	Les arômes vifs et très fruités du Pinot noir, la finesse de ses tanins respectent la texture souple et la légèreté aromatique de ces fromages.
Pain aux figues	La puissance aromatique et la force épicée de la Syrah créent une harmonie juste face à l'intensité gustative et sauvage des brebis ou des chèvres.

Envie de cépages de France

Comme pour de nombreux fruits, les variétés de vigne – appelées cépages – produisent des raisins aux style et goût spécifiques. Les cépages les plus réputés dans le monde viennent de France, par exemple le Merlot ou le Chardonnay. Ainsi, chaque cépage a un goût bien défini et reconnaissable, ce qui facilite grandement le choix en fonction de votre envie du moment. Avec les vins de cépage portant la mention Vin de France, découvrez facilement le goût du vin qui vous va bien.

Cépages rouges

Cabernet-Sauvignon Avec des notes de cassis, de cèdre ou de réglisse, ce cépage produit des vins solides et charpentés, aux tanins soutenus. Ils sont généralement longs en bouche.

Gamay Il a des notes de fraise des bois, de pivoine ou de groseille. Le Gamay est un cépage aromatique et très fruité, aux tanins légers. Sa vivacité lui confère un style gourmand.

Malbec Prune, tabac ou encore réglisse, voilà les arômes typiques du Malbec, cépage puissant et masculin, aux tanins solides. Ce vin long en bouche a aussi un caractère puissamment fruité qui lui donne une belle sève.

Merlot Ce cépage mondialement réputé présente un profil aromatique fruité et des tanins très veloutés ; il est souvent assemblé au Cabernet-Sauvignon, qui lui apporte une belle charpente.

Pinot noir Avec des arômes de cerise griotte, de sous-bois ou de gibier, le Pinot noir est un cépage fin, fruité et élégant. Sa distinction vient de sa vivacité légère et de ses tanins fins.

Syrah Derrière ses touches de mûre, de poivre ou de violette se cache un vin sensuel et charnu aux tanins présents mais toujours soyeux. Les vins de Syrah sont complexes et séduisants.

Cépages des vins rosés

Cinsault rosé Grenadine, groseille, pêche, voilà un registre aromatique gourmand et fin pour ce vin rosé qui évoque l'insouciance. Ce cépage flatteur séduit par une attaque franche et une finale ronde.

Grenache rosé Avec ses arômes de garrigue, de fraise, de pêche et de réglisse, le Grenache affiche un caractère ensoleillé et chaleureux. Il séduit par sa générosité, sa rondeur, et une belle force aromatique. Il est aussi souvent vinifié en rouge et assemblé à la Syrah.

Cépages blancs

Chardonnay Avec des touches de noisette, de beurre ou de pop-corn, ce cépage donne des vins très élégants, marqués par une opulence et une rondeur séduisantes.

Chenin Coing, fleur d'acacia, citron, tel est le profil aromatique du Chenin. Sa persistance parfumée en bouche provient d'une grande vivacité, longue et fraîche.

Muscat Avec ses notes de bois de rose, de pomelo, ou de verveine, le Muscat est un cépage très aromatique. Il produit des blancs secs ronds et généreux. Il est aussi vinifié en moelleux, avec des sucres naturels issus du raisin.

Sauvignon Ses arômes de pamplemousse, de fruit de la Passion ou de buis sont très développés. Son intensité aromatique est renforcée par une belle vivacité tonique et très rafraîchissante.

Ugni-blanc & Colombard Cet assemblage affiche des touches de citron vert, de nectarine, de résine ou de coing. Ces blancs sont délicieusement parfumés et éclatants de fraîcheur. Le Colombard apporte puissance aromatique et l'Ugni-blanc un caractère vif et enjoué.

Vermentino Avec ses notes de tilleul, de poire fraîche ou de melon, le Vermentino est un cépage très parfumé, dont l'intensité aromatique est portée par un équilibre parfait entre rondeur et vivacité.

Viognier Sur un registre floral et fruité, avec des notes de violette, de pêche blanche ou d'abricot, le Viognier produit des vins racés, puissants et subtilement ronds à la fois. Rondeur et vivacité composent un équilibre parfait.

Assemblages de cépages

Les Vins de Cépage de France ont une carte de visite différente quant à leur vivacité, leur rondeur, leur puissance aromatique ou, pour les rouges, leur charpente. Savoir associer les cépages permet de proposer des vins plus riches, pour encore plus de plaisir. Mais les assembler requiert savoir-faire et expertise, car il s'agit d'une alchimie subtile, que les femmes et hommes du vin maîtrisent, en France tout particulièrement.

Envies de cépages de France

www.vindefrance-cepages.org

Table des recettes

Asperges vertes rôties, sabayon au Beaufort	46
Boulettes de veau haché au Comté	10
Camembert pané tiède, gelée de pommes granny	28
Carpaccio de bœuf aux copeaux de Comté	46
Carpaccio de saint-jacques au Parmesan	50
Chabichou, pamplemousse rose, viande des Grisons	46
Cheesecake au Saint-Félicien, coulis au poivre	52
Courgette à la crème de Banon de Provence	22
Crème d'Époisses, tomates confites et jambon de Paris	10
Croissant farci au Brie	10
Escalopine de veau, Appenzell et ananas	34
Flan de patates douces au Parmesan	28
Flan de Salers aux pousses d'épinards, gambas	46
Gougères à la crème de Gruyère	40
Madeleine, Picodon et ciboulette	52
Maki de saumon fumé, Chèvre aux herbes	16
Mini-brochette Manchego, lomo, tomate cerise	22
Mini-hamburger au Cantal	40
Paccheri en salade d'été, dés de Mozzarella	22
Pain d'épice à la Fourme d'Ambert	10
Pastilla de pintade aux cèpes et au Murol	52
Pizzetta de courgettes, Kiri® et pignons grillés	40
Pommes de terre ratte farcies au Gorgonzola	34
Poulet à l'estragon, crème de Cantal	16
Risotto au Pouligny et seiches sautées	50
Risotto aux écrevisses, petits pois et Cheddar	28
Salade camaïeu de verts	16
Soupe glacée de tomates, émietté de Brousse	22
Tajine de lapin, safran et Bleu d'Auvergne	50
Tempura de billes d'Edam au cumin	16
Tome de brebis, pomme et confiture en bouchée	34
Tzatziki à la Vache qui rit®, frites de patates douces	40
Velouté de fanes de radis, tartine au Valençay	34
Wrap aux poires pochées, crème de Roquefort	28

Index par fromages

Appenzell : 30.

Babybel® : 36, 39.

Banon de Provence : 18, 20.

Beaufort : 42, 44.

Brie de Meaux : 6, 36, 38.

Brillat-Savarin : 12.

Brousse : 18, 20.

Camembert de Normandie : 24, 27, 42.

Cantal : 12, 15, 36, 38.

Chabichou du Poitou : 42, 45.

Cheddar : 24, 30, 36.

Chèvre aux aromates : 18.

Chèvre frais : 12, 14, 18, 21.

Chèvre mi-frais : 12.

Comté : 6, 42.

Crottin de Chavignol : 12.

Edam : 12, 14.

Emmental : 42, 44, 48.

Époisses : 6.

Féta : 12.

Fourme d'Ambert : 6, 48.

Fribourg : 24.

Gorgonzola : 30.

Gouda : 36, 42.

Gruyère : 36, 39.

Kiri® : 36.

L'Etivaz : 42, 45.

Livarot : 6, 8.

Manchego : 18.

Mimolette affinée : 24.

Morbier : 6, 9.

Mozzarella Burrata : 18.

Munster : 30.

Ossau-Iraty : 18, 21, 42.

Parmesan : 18, 24, 27, 50.

Peccorino au poivre : 24.

Picodon : 49.

Pont-l'Évêque : 6, 8.

Provolone fumé : 24.

Pouligny-Saint-Pierre : 48.

Reblochon : 6, 12, 15.

Ricotta : 12.

Rocamadour : 18.

Roquefort : 24, 26.

Sainte-Maure-de-Touraine : 24, 26.

Saint-Marcelin : 49.

Saint-Nectaire : 6, 9.

Salers : 42.

Stilton : 30, 33.

Tête de moine : 30, 32.

Tome de brebis : 30, 33.

Tome de montagne : 30.

Tome de Savoie : 36, 49.

Vache qui rit® : 36.

Valençay : 30, 32.

par cépages

Cabernet-Sauvignon : 6, 9.

Chardonnay : 15, 24, 26, 36, 39, 42, 44, 48, 51.

Chenin : 8, 24, 27, 38, 44.

Cinsault rosé : 6, 9, 36, 39, 49, 53.

Gamay : 12, 14, 36, 38, 49, 53.

Grenache rosé : 18, 20.

Malbec : 24, 26.

Merlot : 30, 33, 42, 45, 49, 53.

Muscat doux : 48, 51.

Pinot noir : 30, 32.

Sauvignon : 12, 14, 18, 21, 30, 32, 48, 51.

Syrah : 18, 21, 33.

Viognier : 6, 8, 12, 15, 20, 27, 42, 45.

ANIVIN 🍇 DE FRANCE
Association Nationale Interprofessionnelle

Pour en savoir plus, téléchargez gratuitement l'application pour iPhone Vin de France - Envies de cépages *et visitez le site :* **www.vindefrance-cepages.org**

Nouveautés : les applications Hachette Vins
À découvrir sur **hachette-vins.com**

© 2011, Hachette Livre (Hachette Pratique), Paris

Tous droits de traduction, d'adaptation et de reproduction, totale ou partielle, pour quelque usage, par quelque moyen que ce soit, réservés pour tous pays.

L'éditeur utilise des papiers composés de fibres naturelles, renouvelables, recyclables et fabriquées à partir de bois issus de forêts qui adoptent un système d'aménagement durable. L'éditeur attend également de ses fournisseurs de papier qu'ils s'inscrivent dans une démarche de certification environnementale reconnue.

Direction : Jean-François Moruzzi
Direction éditoriale : Pierre-Jean Furet
Édition : François Bachelot et Valérie Quaireau
Réalisation intérieure et couverture : foli-o
Conception couverture : Patrice Renard
Fabrication : Amélie Latsch

Dépôt légal : janvier 2011
ISBN : 978-2-0162-1209-7
62-66-1209-01-6

Impression : Polygraf print, Slovaquie.